Grundschule Bayern

Tobi-Fibel 2

Erarbeitet von

Gabriele Schlund und
Dagmar Sedlmeyer, Buchloe

in Zusammenarbeit mit der

Redaktion Grundschule

illustriert von

Stefanie Scharnberg und
Burkhard Kracke

unter Beratung von

Irmgard Edelmann, Neunkirchen a. Br.

Hermine Freystätter, Gilching

Christiane Hartwig, Simbach/Inn

Maria Karg-Pirzer, Schwandorf

Hildegard Rottenegger, Geltendorf

Matthias Schuhmann, Iphofen

Sabine Werzinger, Kiefersfelden

Hannelore Zenk, Neunkirchen a. Br.

Cornelsen

Tobi-Fibel
2 Lesetexte

erarbeitet von Gabriele Schlund und Dagmar Sedlmeyer, Buchloe,
in Zusammenarbeit mit der Redaktion Grundschule
Redaktion: Imke Pelz, Mirjam Löwen
illustriert von Stefanie Scharnberg und Burkhard Kracke (S. 3, 9, 13, 17, 23, 29, 35, 41, 47)
Lay-out und technische Umsetzung: André Schnaubelt

Die schwarz gedruckten Texte sind für alle Kinder.
Bei den blau gedruckten Texten kannst du selbst entscheiden, ob du sie auch lesen möchtest.

Bestandteile der Tobi-Fibel:

Tobi-Fibel 1	(Best.-Nr. 622223)	Schreiblehrgang VA	(Best.-Nr. 622800)
Tobi-Fibel 2	(Best.-Nr. 622231)	Lese-Mal-Blätter	(Best.-Nr. 622819)
	(gemeinsame Best.-Nr. 801403)	Lesekiste	(Best.-Nr. 622827)
Arbeitsheft	(Best.-Nr. 622240)	Handpuppe Ela	(Best.-Nr. 74382)
Lehrerhandbuch (gesondert)	(Best.-Nr. 622835)	Kassette Tobi-Lieder	(Best.-Nr. 74366)
Kopiervorlagen (gesondert)	(Best.-Nr. 622843)	CD Tobi-Lieder	(Best.-Nr. 74374)
Lauttabelle (10 Stck.)	(Best.-Nr. 801810)	Tobi-Liederheft	(Best.-Nr. 74650)
Druckschriftlehrgang	(Best.-Nr. 622797)	Tobi-Theaterstücke (für Kl. 1–4)	(Best.-Nr. 610110)

http://www.cornelsen.de

1. Auflage ✓€ Druck 4 3 2 1 Jahr 04 03 02 01
Alle Drucke dieser Auflage können im Unterricht nebeneinander verwendet werden.

Druck: CS-Druck Cornelsen Stürtz, Berlin

ISBN 3-464-62223-1

Bestellnummer 622231

gedruckt auf säurefreiem Papier, umweltschonend hergestellt aus chlorfreigebleichten Faserstoffen

So ein Durcheinander

Anders Andersson ist der einzige Mensch,
den die Tobis je gesehen haben.
Vor vielen Jahren ist er eines Tages aufgetaucht.
Seitdem wohnt er weit unten am Fluss.
Dort hat er sich ein Häuschen aus Holz
in den Wald gebaut und rot angestrichen.

Bald haben die Tobis und Andersson
Freundschaft geschlossen.
Ab und zu kommt er zu Besuch.
Die Tobis sind immer ganz neugierig
auf seine Geschichten aus der Menschenwelt.

Dreh-Geschichten ohne Ende

Geh runter von dem Rasen, geh auf den Weg und lies! Das taten dann die Hasen, denn auf dem Schild stand dies:

Das Schaf träumt von Luise, sie liegt auf einer Wiese in einem tiefen Schlaf und träumt, sie wär ein Schaf.

Am Brunnen vor dem Tore, da sitzt die kleine Lore und singt mit uns im Chore:

Ich drehe mich im Kreise und sag dabei ganz leise:

Hermann Krekeler

Saus und Braus …

Saus und Braus,
Katz und

Strumpf und Schuh,
Pferd und

Eis und Schnee,
Kaffee oder

Gelb und Blau,
Mann und

Fleisch und Fisch,
Stuhl und

Weint und lacht,
Tag und

Grad und krumm,
klug und

Gruß und Kuss,
jetzt ist

Eva Rechlin

Zungenbrecher

Zweiundzwanzig zierliche Zwerge
zwicken zwei zweckige, zwackige,
zapplige Zwickelkrebse.

Hundert Hasen hopsen stolz
über hundert Hecken.
Hinter hundert Haufen Holz
wolln sie sich verstecken.

Welche „Zungenbrecher“ kennst du?

Rätsel und Witz

Hab zwei lange graue Ohren,
bin im heißen Land geboren.
Rufen kann ich zwei Buchstaben,
die wirst du in der Schule haben.
Weithin hörst du laut mich schrein:
Kann ja nur ein ? sein.

Ein besorgter Schneckenvater
warnt seinen Nachwuchs:
„Rennt mir ja nicht über die Straße!
In drei Stunden kommt der Bus.“

Erzählt euch noch mehr Witze und Rätsel.

Sätze löffeln

Lies aus jeder Tasse einen „Löffel voll“.

Spiele aus anderen Ländern

Knotenmutter ist ein Spiel von den Philippinen.
In Italien nennt man es „Spagetti“.
Bildet einen Kreis und fasst euch an.
Nun verknotet ihr euch, indem ihr
über- und untereinander wegsteigt.
Zwei Kinder warten außerhalb
des Kreises, bis ihr fertig verknotet seid.
Danach sagen sie euch, was ihr tun müsst,
um den Knoten wieder zu lösen.

Delta spielten Kinder im alten Rom
vor etwa 2000 Jahren.
Jedes Kind hat drei Würfe.
Zielt mit kleinen Steinen in die Felder
und zählt die Punkte zusammen.
Wer hat die meisten Punkte?

Abzählreime

Teddybear, teddybear turn around.
Teddybear, teddybear touch the ground.
Teddybear, teddybear show your shoe.
Teddybear, teddybear that will do.

Anna Widiwanna
Widiwumbus Kadanna
Widiwumbus Kadrops –
die Anna is a Mops.

Welche Spiele und Abzählreime kennst du?

Im Frühjahr ist was los

Anders Andersson nimmt seinen schweren Rucksack. „Reisen macht hungrig. Habt ihr auch Lust auf ein kleines Picknick?“, fragt er. Begeistert stimmen die Tobis zu. Andersson packt leckere Sachen aus. Zum Schluss holt er aus seinem Rucksack Eier aus Schokolade.

Alo fragt erstaunt: „Legen die Hühner bei euch Schokoladeneier?“ Anders Andersson lacht. „Aber nein, die stellen die Menschen zu einem Fest her, das sie im Frühling feiern.“

Einen Osterhahn basteln

Du brauchst:

Eierkarton, Wasserfarben, Pinsel, Schere, Kleber, rotes Tonpapier, kleine Federn.

So geht es:

Schneide deinen Eierbecher aus dem Karton.
Male ihn an.
Schneide Schnabel und Kamm aus dem Tonpapier.
Klebe beides an.
Male die Augen auf.
Klebe die Federn an.

Wie das Ei zum Osterei wurde

Katharina war eine Königstochter.
Sie lebte vor langer Zeit in der Stadt Alexandria.
Damals herrschte dort der Kaiser von Rom.
Eines Tages besuchte der Kaiser diese Stadt.
Er ließ Katharina zu sich rufen.
Sie sollte ihm von Jesus berichten.
Der Kaiser hörte gespannt zu.
Als Katharina erzählte, dass Jesus
von den Toten auferstanden war,
rief der Kaiser:
„Das will ich dir nur glauben,
wenn du aus einem Stein
neues Leben erwecken kannst!“
Da hatte Katharina eine Idee.
Sie kaufte von einem Bauern
ein fast ausgebrütetes Ei.
Damit ging sie zum Kaiser.
Er schaute zu, wie erst ein Spalt
in der Eierschale entstand.
Dann kam langsam die kleine Ente aus dem Ei.
„Scheinbar tot und doch lebendig“, sagte Katharina.
Nun glaubte der Kaiser Katharina.
So ist das Ei zum Osterei geworden,
ein Zeichen dafür, dass Jesus auferstanden ist.

Willi Fährmann

Palmsonntag

Palmsonntag ist eine Woche vor Ostern.
Viele Kinder tragen an diesem Tag
selbst gebundene Palmbüschel in die Kirche.
Diese Büschel werden aus Buchsbaumzweigen,
Palmkätzchen und Immergrün gebunden.
Sie werden unterschiedlich geschmückt:
mit bunt bemalten Ostereiern,
frischen Frühlingsblumen,
eingefärbten Holzspänen, Bändern
oder selbst geschnitzten Kreuzen.
Die Palmbüschel werden
in der Kirche geweiht.

Rund um den Maibaum

An diesem Baum befinden sich
weder Äste noch Blätter. Jedes Dorf
schmückt seinen Maibaum mit bunten Tafeln,
auf denen die Handwerker abgebildet sind.
Dazu wird der Baum mit bunten Bändern
und Kränzen verziert.
Meist werden Maibäume in der Nähe der Kirche
oder des Gasthofs aufgestellt.

Erzählt über das Maibaum-Stehlen.

Der Kastanienbaum

Der Kastanienbaum
hat Knospen,
dick, klebrig und braun.
Jede Knospe ist eine Faust,
da drin
hält er verborgen ein Ding.

Zieht der Mai ins Land,
tut er auf jede Hand.
Was kommt da heraus?
Ein Blätterzweig
und manchmal sogar
ein ganzer herrlicher Blütenstrauß.

Josef Guggenmos

Es hämmert der Specht:
Wurm in der Rinde,
wenn ich dich finde,
geht es dir schlecht!
Hämmert der Specht.

Dem Baum ist das recht.

Friedl Hofbauer

So bleibst du gesund

Alo steckt sich Schokolade
in den Mund. Er beißt darauf.
„Au, au, das tut weh!", ruft er.

Oma pflückt ein Blatt
von einer Pflanze ab.
Sie legt es auf Alos Zahn.

Bald hat der Junge
keine Schmerzen mehr.

Anders Andersson wundert sich.
„Ihr habt es gut.
Bei den Menschen
ist das nicht so einfach."

Kranke Zähne

In jedem Mund ist Speichel.
Aus dem Speichel
und den Speiseresten,
die nach dem Essen
auf den Zähnen bleiben,
entsteht ein klebriger Belag.
In ihm fühlen sich
Bakterien wohl,
die deine Zähne angreifen.

Kommt noch Zucker hinzu,
entsteht eine Säure.
Diese frisst Löcher
in den Zahn,
wenn sie längere Zeit
auf den Zähnen bleibt.

Deswegen:

Zähneputzen

Wenn man nach dem Zähneputzen
abends noch was Süßes isst,
hat das Putzen wenig Nutzen,
weil das Süße Löcher frisst.

Britta Cornelius

Luise Berg

Luise muss zum Zahnarzt Schmitt.
Der Vater sagt: „Ich gehe mit!“

„Ich auch!“, ruft tapfer Bruder Jan.
Die Mutter nickt: „Auch ich wär dran!“

Doch als der Tag herangerückt,
hat Bruder Jan sich rasch verdrückt.

Die Mutter wäscht, Papa zieht Leine.
Luise Berg geht ganz alleine.

Bernd Lunghard

Schnuffi und die Mikroben

Einmal, als ich und unser Hund Schnuffi
hungrig vom Spielen nach Hause kamen
und ich schnell etwas essen wollte,
fragte mich Mama:
„Hast du dir die Hände gewaschen?“
„Ich wasche sie später.“
„Nicht später, sondern sofort! Siehst du nicht,
dass deine Hände schwarz vor Schmutz sind?
Die wimmeln ja von Mikroben.“
„Was sind Mik-ro-ben?“

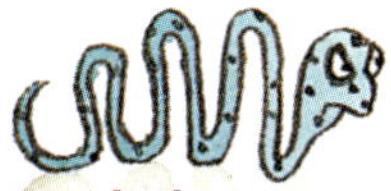

„Das sind kleine Tierchen, die im Schmutz leben.
Die sind so klein, dass du sie nicht sehen kannst.
Von denen kann man krank werden.“

Ich wusch mir die Hände. Das Wasser war grau.
Es schwammen sicher viele von diesen
gefährlichen Tierchen darin.
Ob sie wohl wie kleine Hunde aussahen?
Oder wie Fische? Oder wie Würmer?
Dann sah ich plötzlich Schnuffi
an seinem Napf
mit ganz schmutzigen Pfoten.
„Klara!“, rief ich entsetzt …

Wie könnte die Geschichte weitergehen?
Auf der nächsten Seite kannst du weiterlesen.

„Schau dir mal Schnuffis Pfoten an.
Sie müssen voll mit Mikroben sein.
Er wäscht sich nie. Aber von diesen Tierchen
kann man krank werden!"
„Das weiß ich längst", sagte Klara.
„Was sollen wir tun?", fragte ich.
„Wir müssen ihm das Pfotenwaschen
beibringen."
Wir stürzten uns beide auf Schnuffi
und schleppten ihn ins Badezimmer.
Dort begann Klara ihm die Pfoten
zu waschen.
Es lief schwarzes Wasser herunter.
Leider sprang Schnuffi aus der Wanne
und lief ins Wohnzimmer.
Hinter sich ließ er eine nasse Spur.

So hat Mama uns erwischt.
Und so konnten wir unserem Dackel Schnuffi
nicht beibringen regelmäßig seine Pfoten zu waschen.
Er lebt weiter mit schmutzigen Pfoten,
voll mit Mikroben. Dass er noch am Leben ist,
ist wirklich ein Wunder.

Dimiter Inkiow

Diese Geschichte könnt ihr spielen. Wer spielt Schnuffi?

Wie die Zeit vergeht

Die Tobis und Anders Andersson
machen sich auf den Weg zur Höhle.
Unterwegs ruft Opa: „Psst, seid mal still!“
Er horcht an einer Kiste.
„Was ist da drinnen? Ist das gefährlich?“
Anders Andersson öffnet die Kiste
und holt ein seltsames Ding heraus.
Es macht tick-tack.

„Was ist das?“, rufen die Tobis aufgeregt.
„Das ist eine Uhr. Sie sagt den Menschen
die Zeit an“, erklärt Andersson.
„Wir sehen am Stand der Sonne,
wie spät es ist“, meint Oma.
„Das haben die Menschen früher
ähnlich gemacht“, sagt Andersson.

Die erste Sonnenuhr

Vor vielen tausend Jahren
erforschten die Menschen
in Ägypten den Lauf der Sonne.
Sie steckten einen Stab in die Erde
und beobachteten, wie der Schatten
während des Tages wanderte.
So wurde die Sonnenuhr erfunden.

Die Sonnenuhr

Lena und Jonas bauen sich eine Sonnenuhr:
Sie holen einen Blumentopf
und einen Stock.

Jonas stellt den Blumentopf auf den Boden.
Lena steckt den Stock in das Loch.

Nun sehen sie den Schatten.
Zu jeder vollen Stunde malt Jonas
einen Strich auf den Boden.

Lena schreibt die Uhrzeit dazu.
„Zum Glück scheint heute die Sonne!“, meint Jonas.

Die Sonnenuhr von Lena und Jonas könnt ihr nachbauen.
Dazu braucht ihr eine Uhr.

Die kleine Hex

Morgens früh um sechs
kommt die kleine Hex,
morgens früh um sieben
schabt sie gelbe Rüben,
morgens früh um acht
wird Kaffee gemacht,
morgens früh um neun
geht sie in die Scheun',
morgens früh um zehn
holt sie Holz und Spän',
feuert an um elf,
kocht dann bis um zwölf
Fröschebein und Krebs und Fisch.
Hurtig, Kinder, kommt zu Tisch!

Volksgut

Ihr könnt die Uhrzeit gut an einer selbst gemalten Uhr nachlegen.

Nina telefoniert ...

 Mittag: Die Mutter  von Nina  geht weg. Deshalb ist es  langweilig.  nimmt das  und  darauf los.  hört: „José  !“ Aber  versteht  nicht.  wohnt in Brasilien auf dem Kontinent 

. Dort wird Portugiesisch gesprochen. Dort ist es  morgens.  muss bald zur 

!

 nimmt wieder das  und  darauf los.  hört: „Jim  !“ Aber  versteht  nicht.  kann noch kein Englisch.  lebt in der  New York auf dem Kontinent 

. Dort ist es erst  früh.  schlüpft wieder ins .

... rund um die Welt

 nimmt wieder das  und  darauf los.

 hört: „Hanako  !“ Aber  versteht  nicht.

 spricht Japanisch. Japan gehört zum Kontinent 

.

Dort ist es  abends und  geht bald ins 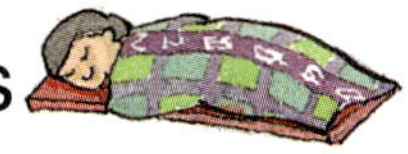 !

 nimmt noch mal das  und  darauf los.

Aber im  bleibt es stumm. Moktar  ist nicht zu Hause.  wohnt in Algerien, auf dem Kontinent 

.

Dort ist es jetzt so spät wie bei uns in 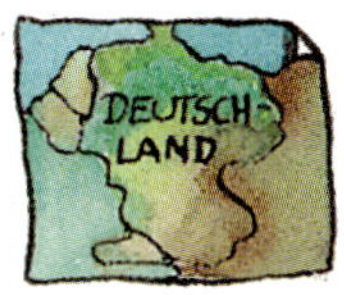

! Jetzt kommt die  zurück.  ruft: „Ich habe mit  in Brasilien, mit  in New York und  in Japan telefoniert!“ Warum die  von  ganz blass wird?

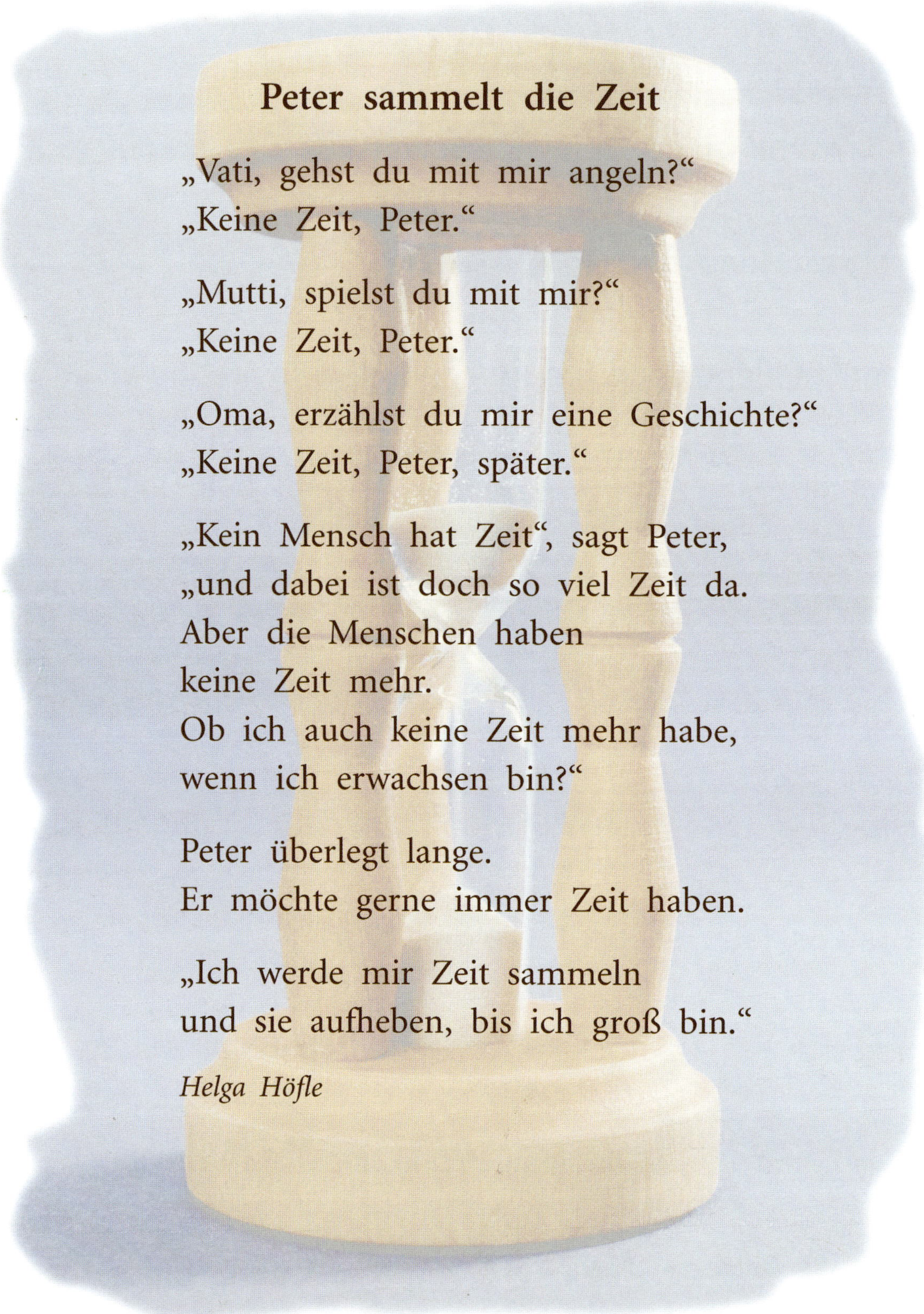

Peter sammelt die Zeit

„Vati, gehst du mit mir angeln?“
„Keine Zeit, Peter.“

„Mutti, spielst du mit mir?“
„Keine Zeit, Peter.“

„Oma, erzählst du mir eine Geschichte?“
„Keine Zeit, Peter, später.“

„Kein Mensch hat Zeit“, sagt Peter,
„und dabei ist doch so viel Zeit da.
Aber die Menschen haben
keine Zeit mehr.
Ob ich auch keine Zeit mehr habe,
wenn ich erwachsen bin?“

Peter überlegt lange.
Er möchte gerne immer Zeit haben.

„Ich werde mir Zeit sammeln
und sie aufheben, bis ich groß bin.“

Helga Höfle

Leben mit der Natur

Die Tobis überqueren eine wunderschöne Wiese.
Andersson schaut die vielen gelben Blumen an.
Erstaunt ruft er: „Ich wusste gar nicht, dass es diese Blumen auch bei euch gibt. Wie nennt ihr sie?“

Ela erklärt: „Die gelben Blumen heißen Kettenblumen, weil man aus ihren Stängeln eine Kette basteln kann.“
„Bei den Menschen hat diese Blume viele Namen. Passt auf!“, meint Andersson.

Der Löwenzahn hat viele Namen

Kettenblume

Kuhblume

Pusteblume

Löwenzahn

Milchkraut

weil Kühe ihn gerne fressen.

weil die Blätter scharfe „Zähne“ wie ein Löwe haben.

weil im Stängel ein weißer Saft ist.

weil die Kinder Ketten daraus basteln.

weil man die Samen wegpusten kann.

Ratet mal, was zusammenpasst. Findet ihr noch andere Namen?

Wie der Löwenzahn zu seinem Namen kam

Es war einmal in Afrika, dort,
wo der Löwe König ist.
Eines Tages flog ein kleiner Fallschirm
vom Himmel. Er landete direkt
vor der Nase des Löwen.
Am Fallschirm hing ein Samen.
Und auf einmal stand da
eine wunderschöne gelbe Blume.
Der Löwe freute sich darüber.

Eines Morgens aber war
die gelbe Blume verschwunden.
Stattdessen sah der Löwe
eine weiße Kugel auf dem Stängel.
Er roch daran und musste niesen:
„Haa – haa – haatschiii!"
Dabei riss der Löwe sein Maul weit auf.
Die Kugel zersprang und viele kleine
Fallschirme wirbelten hoch in die Luft.

Das beobachtete der Fuchs.
Aber er hatte seine Brille vergessen.
So glaubte der Fuchs,
dass dem Löwen alle Zähne
aus dem Mund gefallen sind.
Seitdem heißt die gelbe Blume Löwenzahn.

Waldwiese (1876) *Hans Thoma*

Etwas über die Wiese erfahren

Nach einem Spaziergang auf der Wiese will die Klasse 1a
mehr über die Pflanzen und Tiere der Wiese wissen.
Paul und Sandra sitzen am Computer
und prüfen ihr Wissen über die Schmetterlinge.
Sandra legt eine CD ins Laufwerk ein.
Auf dem Bildschirm erscheint ein Rätsel
über die Entwicklung der Schmetterlinge.
Mit der Maus kann Paul die richtige Lösung anklicken.

Datei Bearbeiten Extras Fenster ?

1. Der Schmetterling legt die Eier auf die Pflanze.
2. Aus den Eiern schlüpfen Raupen.
3. Die Raupen fressen Blätter, bis sie groß sind.
4. Dann verpuppen sie sich.
5. Aus der Raupe schlüpft der Schmetterling.

Hilf Paul und Sandra.

Die kleine Raupe Nimmersatt

Die kleine Raupe Nimmersatt
frisst wochentags nur Blattsalat.
Am Montag gibt es Ahornblätter,
am Dienstag schmeckt die Birke netter,
am Mittwoch ist die Zeder gut,
am Donnerstag 's die Dahlie tut,
am Freitag schmatzt sie Eisenhut.
Am Wochenend sie sich besinnt
und nun was Feines zu sich nimmt.
Anstatt der Grünsalate
speist sonntags sie – Tomate.

Malt, was die Raupe frisst.

Raimund Pousset

Die Wiese erleben

Stell dir vor:
Du bist auf einer großen, weiten Wiese.
Du läufst barfuß über diese Wiese
und spürst unter deinen Füßen das Gras.
Es fühlt sich weich an.
Es fühlt sich ...
Es kitzelt.

Du legst dich ins Gras.
Du siehst viele Gräser und Blumen.
Du entdeckst das kleine Gänseblümchen,
du entdeckst ...

Du riechst den Duft der Wiese.
Du beobachtest viele kleine Tiere.
Vor dir krabbeln Ameisen.
Vor dir ...
Vor dir baut eine Spinne ihr Netz
und ein Schmetterling steigt lautlos empor.

Du hörst die Hummeln brummen,
du hörst ...
und ein Vogel zwitschert über dir.

Du schaust zum Himmel und denkst ...

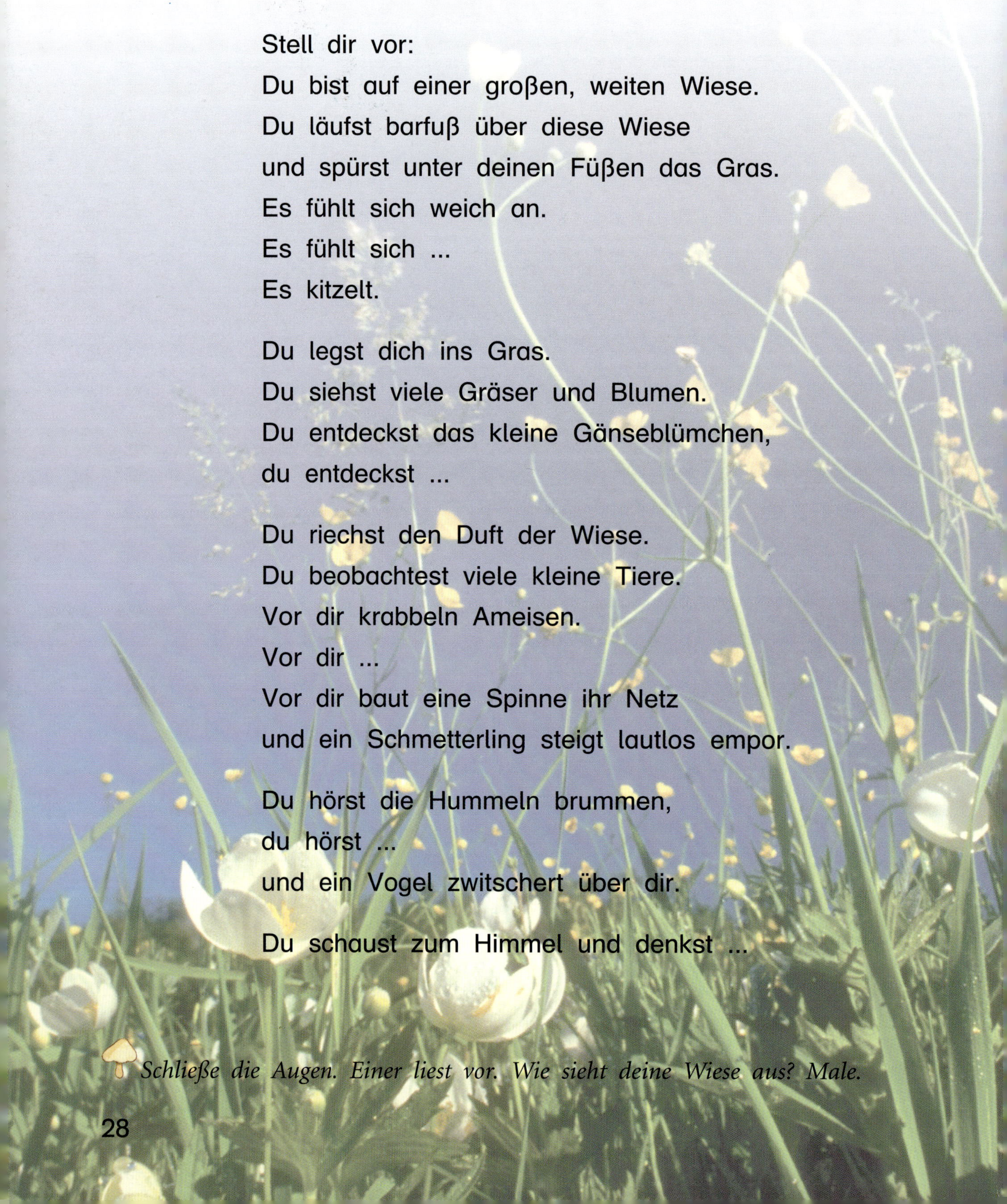

Schließe die Augen. Einer liest vor. Wie sieht deine Wiese aus? Male.

Miteinander

Am Abend sitzt die Tobi-Familie
mit ihrem Freund gemütlich vor ihrer Höhle.
Papa fragt: „Stricken die Väter
bei den Menschen auch abends am Feuer?“
„Nein, das tun sie nicht“,
antwortet Andersson.

„Aber sie verbringen doch auch jeden Abend
zusammen mit der ganzen Familie?“, fragt Opa.
„Nein, das ist ganz unterschiedlich“,
meint Anders Andersson.
Oma fragt erstaunt: „Ja, leben sie
denn nicht so wie wir?“

Familienleben

Mein Papa wohnt in einer
anderen Stadt.
Aber ich habe ja meine Mama.
Und wenn die arbeiten muss,
bringt sie mich
zu meiner Tagesmutter.

Tobias

Bei uns geht Mama arbeiten.
Papa ist Hausmann.
Neulich ist Mama Chefin geworden.
Da sind wir alle
Pizza essen gegangen.

Julia

Wenn mein Bruder und ich
nach Hause kommen,
ist meine Mutter immer da.
Papa kommt erst abends.

Alexander

Papa kocht

Mama ist nicht da.
Papa muss kochen.
„Toll!“, sagt Papa.
„Was kochen wir?“
„Wir kochen Reis“, sagt Julia,
„Reis ist lecker! Reis mit Pilzen.“

Julia sucht Pilze. Pilze sind nicht da.
Julia findet Erbsen.
„Wir kochen Reis mit Erbsen“,
sagt Papa. „Das ist lecker!
Reis mit Erbsen und Ei.“

Papa sucht Eier. Eier sind nicht da.
Papa findet Käse.
„Toll!“, sagt Papa.
Papa kocht den Reis.
Papa wärmt die Erbsen.
Papa reibt den Käse.

Dann essen die beiden
Reis mit Erbsen und Käse.
Lecker, lecker, lecker.

Ute Andresen

Der Talisman

„Ich schenk dir etwas“, sagt Lisa.
Es ist eine runde, stachlige Kugel.
Lisa legt sie in Alis Hand. „Brich sie auf.“
Doch Ali versteht nicht, was Lisa meint.
Ali kommt aus Marokko
und geht erst seit fünf Wochen
in Deutschland in die Schule.
„Ich mach es für dich auf“, sagt Lisa.

Aus der grünen Hülle kommt eine glänzend
braune Kastanie zum Vorschein.
„Sie bringt dir Glück. Das ist ein Talisman.“
Ali horcht auf. „Talisman“, wiederholt er.
„Talisman, arabisches Wort“, sagt Ali.

Am nächsten Tag dürfen die Erstklässler
ihre Stofftiere mitbringen.
„Mein lieber Bär“, schreibt Janine an die Tafel.
„Mein Elefant kann zaubern“, sagt Lukas.
Ali hält die Kastanie in seiner Hand.
„Sie bringt Glück“, sagt er.
„Wo hast du plötzlich so gut Deutsch gelernt?“,
wundert sich die Lehrerin.

Ali schaut Lisa an. „Talisman“, sagt er
und lässt die Kastanie in seiner Hosentasche verschwinden.

Max Bolliger

Auf der Schaukel sitzt ein Kind

Auf der Schaukel sitzt ein Kind.
Es kann nicht gehen, es kann nicht sehen,
es ist lahm und blind.

Es sitzt zum ersten Mal auf einer Schaukel.
„Aber es hat doch nichts davon“, sagen die Leute,
„das arme Kind ist lahm und blind!“

„Warum soll es nicht trotzdem schaukeln?“,
fragt die Schwester.

Und das Kind
schaukelt und lacht
und ruft ganz aufgeregt:
„Ich spür den Wind! Ich spür den Wind!“

Friedl Hofbauer

Schule! Schule!

Julius sagt zu seiner Mutter:
„Im Rechnen bin ich sehr gut!“
„Woher weißt du das?“, fragt die Mutter.
„Ich bekomme immer mehr heraus
als die anderen!“, meint Julius.

Emma steht mit einem Lehrer an der Bushaltestelle.
Lehrer: „Wie alt bist du?“
Emma: „6 Jahre.“
Lehrer: „Gehst du dann schon zur Schule?“
Emma: „Ja, in die erste Klasse.“
Lehrer: „Ich bin 44 Jahre alt und gehe auch zur Schule.“
Emma: „Musst du aber dumm sein!“

... nicht nur zu besonderen Tagen

An einem Dienstag um halb vier
kam ich auf die Welt zu dir.
Doch in deinem Bauch
gefiel's mir auch!

Und bin ich irgendwann mal groß,
glaub nicht, du würdest mich dann los.
Nein, freu dich nicht zu früh:
Ich verlass dich nie!

Keine gibt es auf der Welt,
die mir so wie du gefällt.
Mama, du bist mir ungeheuer
lieb und teuer.

Angela Sommer-Bodenburg

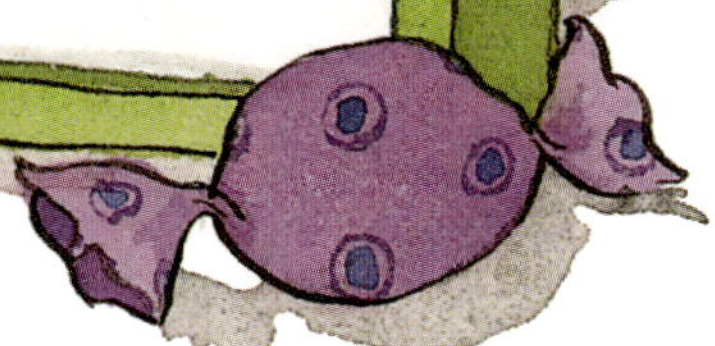

Mein Vater

Er bindet mir die Schuhe zu,
er spielt mit mir gern Blindekuh,
er macht mir für mein Kuscheltier
bald einen Hut aus Glanzpapier,
er nimmt mich fest in seinen Arm,
hab ich mir wehgetan.

Regina Schwarz

Wie Menschen sich fortbewegen

Alo und Ela betteln: „Erzähl uns mehr über das Leben der Menschen!"
Anders Andersson erklärt: „Die Menschen reiten nicht auf einem Elch,
sondern sie fahren mit dem Fahrrad, dem Auto, dem Zug, und sie können sogar mit dem Flugzeug fliegen.
Beliebt ist auch das Fahren mit Inlineskates."
„Was ist denn das?", will Oma wissen.

Anders holt ein Buch.
Ganz dicht rücken die Tobis zu ihrem Freund hin und schauen sich die Bilder an.

Hast du auch Spaß am Inlineskaten*?

* (sprich: inleinskäiten)

5 goldene Regeln

1. Trage immer eine Schutzausrüstung.
2. Übe zu bremsen.
3. Meide nasse oder sandige Wege!
4. Auf dem Gehweg haben Fußgänger Vorfahrt.
5. Fahre nicht zu schnell.

Skaten soll Spaß machen.

Tiger und Bär im Straßenverkehr

„Eine Ampel hat drei Lichter:
Rot, Gelb und Grün.
Für die Fußgänger gilt die Ampel,
wo der kleine Mann auf dem Licht ist.“
„Ich bin ein Fußgänger“, rief der kleine Tiger.
„Jeder, der zu Fuß geht,
ist ein Fußgänger“, sagte Herr Bibernasel.

„Und jetzt müsst ihr so lange
auf dem Gehweg weitergehen,
bis ihr zu einer Ampel kommt.
Dort müsst ihr warten,
bis für die Fußgänger Grün ist,
dann könnt ihr gehen.“

Bis zu einer Ampel war es nicht weit.
Sie warteten auf dem Gehweg,
bis das Licht für die Fußgänger grün war,
dann gingen sie über die Straße.
„Aber hier müsst ihr auch erst nach links
und rechts schauen, weil manchmal Autos
um die Kurve kommen und nicht aufpassen
oder sie fahren noch schnell bei Rot weiter“,
sagte ein Mann, der da stand.

Dann gingen sie weiter.
Doch es gab lange
keine Ampel mehr.

Janosch

Mein Rad

Ich habe ein Fahrrad bekommen.
Ein rotes Fahrrad
mit einem Rennlenker
und einem Stopplicht.

Aber:
Im Hof kann ich nicht fahren.
Wegen der Wäsche von der Schestak
und weil es so scheppert,
wenn ich über das Kanalgitter sause.

Auf der Straße darf ich nicht.
Wegen der Autos
und wegen dem Wachmann,
weil ich noch nicht zwölf Jahre bin.

Auf dem Gehweg wage ich es nicht.
Wegen der Leute.
Die werden so böse,
wenn man ihnen über die Zehen fährt.

Doch jeden Tag,
nach der Aufgabe,
wenn mir langweilig ist,
sagt meine Mutter:
„Na, geh schön Rad fahren, Junge!“
Dass ich nicht lache!

Christine Nöstlinger

Zebrastreifen

Text und Musik: Rolf Zuckowski

2. Ich stell mich an das blaue Schild, damit man sieht, was ich hier will.
Ich hebe deutlich meine Hand und seh genau die Autos an.
Und bremst ein Wagen, dann schau ich dem Autofahrer ins Gesicht.
Winkt er mir zu, dann guck ich bloß, ob alle halten, dann gehts los.

Schau dir das Straßenbild an.
Was gefällt dir daran? Was gefällt dir nicht? Schreibe es auf.

Das Wetter ändert sich

Die Tobis merken,
dass es in der Ferne dunkel wird.
Ein kräftiger Wind kommt auf.
Dann fallen die ersten Tropfen vom Himmel.
„Mittagregen dauert nicht lange“,
sagt die Tobi-Oma.
„Aber es ist doch besser,
das Gepäck in die Höhle zu bringen.“

Als die Tobis und ihr Freund
alles hineingeschleppt haben,
ist der Himmel schon wieder hell.
„Die Menschen kennen auch solche Regeln“,
sagt Anders Andersson,
„aber manchmal stimmen sie nicht.“

Bauernregeln

Die Bauern haben schon
immer Himmel, Wolken, Tiere
und Pflanzen beobachtet.
Über viele Jahre hinweg
sind daraus Regeln entstanden.

Im Juni viel Donner
bringt einen trüben Sommer.

Wenn der Mist brav stinkt,
so gibt's Regen.

Viel Nebel im Frühjahr,
viel Gewitter im Sommer.

Kleine Trommelgeschichte

Leichter Wind – dunkle Wolken
gibt's Regen?
Es tröpfelt.
Der Wind wird stärker.
Es regnet, es regnet!
Es heult und pfeift!
Es schüttet!
Es gießt!
Es hagelt!
Donner, Blitz, Donnerwetter, Blitzdonnerwetter!
Es prasselt auf deinem Regenschirm.
Lauf schnell nach Hause!

Dorothée Kreusch-Jacob

Dieses Gedicht könnt ihr in der Klasse musikalisch gestalten – zum Beispiel mit Trommeln, Rasseln, Topfdeckeln ...

Die Kraft der Luft

Du kannst ein Buch bewegen, ohne es anzufassen.
Dazu brauchst du ein Buch und einen Luftballon.
Und so geht es:
Du legst den Ballon auf eine Tischkante
und das Buch darauf.
Blase nun den Luftballon auf.
Was geschieht?

Luft

Ohne Luft kann ich nicht sein:
Ich atme aus und atme ein.
Luft ist, wo der Himmel lacht,
ein Vogel kreist, der Donner kracht.
Flugzeug, Drachen, Luftballon,
Wind und Sturm und Radioton,
Blasmusik und Blumenduft –
alles das ist in der Luft.

Wolf Harranth

Die Regenjule wird überlistet

„Die Regenjule – bitte, wohnt hier die Regenjule?“
„Wie kommen Sie hierher, Mann?
Noch nie war ein Mensch hier! Und überhaupt Jule!
Für Sie bin ich Frau J-u-l-i-a-n-e Regen, Herr!
Herr ... wie war doch gleich ihr Name?“
„Onkel Poppoff. Und was machen Sie?“
„Ich, hihihi! Ich mache Regen.“

Sie fing an zu singen: „R-e-gen, Rö-ögen,
hundert Jahre Regen ...
Pass auf, Poppoff, ich werde dir jetzt einen
Wetterumschwung zeigen.“

Sie holte eine Pfeife, zündete den Tabak an
und nahm einige kräftige Züge.
Der Rauch zog zum Fenster hinaus
und legte sich als Nebel über das Land.
„Schön, was?“, sagte die Regenjule.
„Mach doch jetzt mal Sonne, liebe Juliane“,
sagte Onkel Poppoff.
„Keine Sonne“, sagte sie, „ich finde Sonne scheußlich!
Regen, immer nur Regen, und dabei bleibt es! Basta!“

Onkel Poppoff verabschiedete sich.
„Immer dieser Regen“, sagte er,
„wie so ein Regen der Frisur schadet!
Es sei denn, du hast einen Regenschirm!“
„Regenschirm?“, fragte die Jule.
„Wo gibt es denn Regenschirme?“

Da sagte Onkel Poppoff: „Regenschirme?
Hm, das ist natürlich schwer,
die gibt es nicht überall.
Aber weil ich dein Freund bin:
Hier ein glatter Tausch!
Ich gebe dir meinen Regenschirm
und du machst ab morgen wieder Sonne –
Handschlag?“
„Handschlag!“, sagte sie und der Tausch galt.

Onkel Poppoff ging nach Hause
und am nächsten Tag schien wieder die Sonne.
Er saß in seinem Garten.
Den Regenschirm hätte er sowieso nicht mehr
gebraucht, weil es gar nicht mehr regnete.

Janosch

Eine Brücke! Eine Brücke!

Ich habe
eine Brücke gesehen.
Niemand konnte darüber gehen,
kein Mäuschen, kein Läuschen,
nicht einmal ein Dichter.
Sie schimmerte schöner
als Neonlichter.
Sie spannte sich weit
und hoch in die Luft.
Sie wirkte so leicht
wie Blumenduft.
Dabei war sie fest,
kein Wind konnt' sie rühren.
Doch ehe ich
ihren Anfang gefunden,
war sie
verschwunden.

Karlhans Frank

Monster, Hexen und Gespenster

Die Tobis sitzen um den Tisch in der Tobi-Höhle. Mama schaut gespannt zu Anders Andersson. „Hast du mir auch etwas mitgebracht?“, fragt sie.

Andersson steht auf und holt eine schwere Truhe aus Holz. Er stellt sie mitten auf den Tisch. „Oh, ein Schatz!“, staunen alle. Andersson öffnet die Truhe: „Ja, das ist ein wahrer Schatz und ein besonderes Geschenk für Mama.“

Monsterbesuch

Ich erwachte, weil ich etwas rumpeln hörte.
Als ich vorsichtig die Treppe hinunterging,
stand die Haustür weit offen.
Die Monster kamen gerade herein.
Eins nach dem andern.
Ich blieb auf der Treppe stehen.
Zwanzig Monster zählte ich.
Das waren doch etwas sehr
viele für unser kleines Haus.

Ich tat, was wir immer tun,
wenn Gäste kommen.
Ich schüttelte jedem Monster die Tatze.
Was redet man mit Monstern?
Ich erzählte etwas von der Schule.

Ganz dicht saßen sie nun um mich rum.
Ich konnte ihren Atem spüren.
Das war eine Hitze!
Schade, dass es nicht Winter war.
Diese Monster waren besser als jede Heizung.
Nur leider stanken sie ziemlich.
Vom Zähneputzen hatten die Monster
wohl nie etwas gehört. Trotzdem fühlte ich mich
sehr wohl zwischen ihnen ...

Bevor ihr den Schluss der Geschichte auf der folgenden Seite lest, überlegt: Was könnte das Mädchen mit den Monstern erleben?

...
Ich stellte meiner Familie unsere Gäste vor.
Ich muss zugeben, der Anblick der Monster
war nichts für leere Mägen.
Und leere Mägen hatten wir alle.
Wir hatten noch gar keine Zeit
zum Frühstück gehabt.

Doch ich war stolz
auf meine Familie,
denn sie benahm sich sehr gut.
Sie ließ sich nichts anmerken
und schüttelte allen Monstern
die Tatze. Sogar meine
jüngste Schwester.
Ich machte ein paar Fotos
von uns allen.

Gegen Abend brachen
die Monster auf.
Sie wollten unbedingt weiter.
Wahrscheinlich, damit sie mit dem
Reiseplan nicht in Verzug gerieten.

Sie gingen ohne sich
noch mal umzudrehen.

Brigitte Schär

Dornröschen

Alle schlafen.

Dornröschen im Turm schläft.
Der König im Saal schläft.
Das Pferd im Stall schläft.
Der Hund in der Hütte schläft.
Die Fliege an der Wand schläft.
Das Feuer auf dem Herd schläft.
Der Koch schläft.

Er kann dem Küchenjungen
keine Ohrfeige geben.

Alle erwachen.

Dornröschen im Turm erwacht.
Der König im Saal erwacht.
Das Pferd im Stall erwacht.
Der Hund in der Hütte erwacht.
Die Fliege an der Wand erwacht.
Das Feuer auf dem Herd erwacht.
Der Koch erwacht.

Klatsch! Der Küchenjunge
hat seine Ohrfeige.

Eleonora Berger

Aus Urgroßmutters Märchenbuch

Kennst du das Märchen? Erzähle.

Ein harmloses kleines Nachtgespenst

Auf Burg Eulenstein hauste
seit uralten Zeiten ein kleines Gespenst.
Es war eines jener kleinen Nachtgespenster,
die niemandem etwas zu Leide tun,
außer man ärgert sie.
Tagsüber schlief es in einer schweren,
eisenbeschlagenen Truhe.
Des Nachts, wenn die Rathausuhr
Mitternacht schlug,
erwachte das kleine Gespenst.

Dann kramte es den Schlüsselbund
mit den dreizehn Schlüsseln hervor,
den es ständig mit sich herumschleppte.
Es schwenkte ihn gegen den Truhendeckel –
und augenblicklich hob sich
der Deckel von selber und klappte auf.

Wie alle Gespenster hatte es
überhaupt kein Gewicht.
Es war luftig und leicht
wie ein Streiflein Nebel.

Nur gut, dass es niemals ohne
den Schlüsselbund mit den dreizehn
Schlüsseln die Runde machte!
Der leiseste Windhauch hätte genügt,
um es auf und davon zu wehen.
Das war aber nicht der einzige Grund,
weshalb das kleine Gespenst
den Schlüsselbund ständig
mit sich herumtrug.

Es brauchte ihn nämlich bloß
durch die Luft zu schwenken –
da öffneten sich sofort alle
Türen und Tore auf seinem Weg!
Und zwar öffneten sie sich von selbst,
ob verriegelt oder verschlossen.
Genauso war es mit Truhendeckeln und
Schranktüren, mit Kommoden und Reisekoffern,
ja selbst mit Ofenklappen und Schubfächern,
Dachluken, Kellerfenstern und Mausefallen.

Das kleine Gespenst war sehr froh darüber,
dass es den Schlüsselbund besaß.
„Ohne ihn“, dachte es manchmal,
„wäre das Leben bedeutend schwieriger ...“

Otfried Preußler

Nickel bei der Infohexe

Nickel steht vor einem Tisch.
Dahinter sitzt eine dicke Hexe und sagt:
„Ich bin die Infohexe."
„Hallo, und ich bin die Nickel-Hexe."
„Was kann ich für dich tun?"
Nickel erzählt von ihrem Ärger mit Daniel.
„Das kenne ich", seufzt die Hexe,
„mit größeren Brüdern gibt's oft Probleme.
Sie sind frech und ärgern einen." „Genau", sagt Nickel,
„und deswegen möchte ich Daniel verhexen."

„Prima Idee", lobt die Hexe.
„Ich habe meinen großen Bruder
erst gestern in einen Kater verhext."
Nickel hört ein wütendes Miauen
unter dem Tisch.
Jetzt denkt die Hexe nach.
„Verhex ihn in einen Felsbrocken."
„Das wäre hart für ihn", meint Nickel.
„Ich verhex Daniel in ein Pony.
Pony-Daniel soll mich jeden Morgen
auf seinem Rücken zur Schule tragen."

Achim Bröger

Ob Nickel ihren Bruder verhext, kannst du selbst nachlesen.

Inhaltsverzeichnis

Verfasser- und Quellenverzeichnis

S. 4 Hermann Krekeler: Drehgeschichten ohne Ende. Aus: Spielen und Lernen Jahrbuch. Velber Verlag, Seelze 1986. **S. 5** Eva Rechlin: Saus und Braus ... (gek. u. leicht geändert). Aus: Träumereien und Schnurrpfeifereien. Patmos Verlag, Düsseldorf 1988. **S. 6** Witz. Aus: Hans Gärtner: Kinderwitze 1. Loewe Verlag, Bindlach 1997. Rätsel. Aus: Barbara Cratzius: Allererste Kinderrätsel. © Rowohlt Taschenbuch Verlag, Reinbeck bei Hamburg 1992. **S.10** Willi Fährmann: Wie das Ei zum Osterei wurde (gek.). Aus: Hans Gärtner: Jetzt fängt das schöne Frühjahr an. Gütersloher Verlagshaus Mohn 1988. **S. 12** Josef Guggenmos: Der Kastanienbaum. Aus: Was denkt die Maus am Donnerstag? Beltz Verlag, Weinheim und Basel 1998. Friedl Hofbauer: Der Specht. Aus: Friedl Hofbauer: Weißt du, dass alles sprechen kann? Dachs Verlag, Wien 1999. **S. 14** Britta Cornelius: Zähneputzen. Aus: Gerhard Sennlaub (Hrsg.): Und mittendrin der freche Hans. Gedichte für Grundschulkinder. Cornelsen Verlag, Berlin 1986 (dort aus: Peter-Pelikan-Schulbrief, Nr. 8. Berlin o. J.). Bernd Lunghard: Luise Berg (Titel hinzugefügt). Aus: Luise Berg. Der Kinderbuchverlag, Berlin 1987. **S. 15** Dimiter Inkiow: Schnuffi und die Mikroben (gek.). Aus: Ich und meine Schwester Klara - Die schönsten Geschichten. © 1998, 4. Auflage, Erika Klopp Verlag GmbH Hamburg. **S. 20/21** Peter telefoniert rund um die Welt (Titel geändert). Aus: Flohkiste. Heft 8/96. Domino Verlag, München 1996. **S. 22** Helga Höfle: Peter sammelt die Zeit. Aus: Weihnachts- und Wintergeschichten. Schneider Verlag, München 1993. **S. 24** Wie der Löwenzahn zu seinem Namen kam (gek.). Aus: Flohkiste. Heft 4/92. Domino Verlag, München 1992. **S. 27** Raimund Pousset: Die kleine Raupe Nimmersatt. Aus: Fingerspiele und andere Kinkerlitzchen. Rowohlt Taschenbuch Verlag, Reinbeck bei Hamburg, 1983. **S. 30** Ute Andresen: Papa kocht. Aus: Wir sind vier (gek.). Umschlagbild von Susann Opel-Götz © 1999 Deutscher Taschenbuch Verlag, München. **S. 31** Max Bolliger: Talisman (gek.). Aus: Reiner Engelmann (Hrsg.): 1. Klasse Wackelzahn, Verlag Sauerländer, 1999. **S. 32** Friedl Hofbauer: Auf der Schaukel sitzt ein Kind. Aus: Friedl Hofbauer: Weißt du, dass alles sprechen kann? Dachs Verlag, Wien 1999. **S. 34** Angela Sommer-Bodenburg: Freu dich nicht zu früh, ich verlaß dich nie! © Angela Sommer-Bodenburg, 1987. Regina Schwarz: Mein Vater. Aus: Hans-Joachim Gelberg (Hrsg.): Überall und neben dir. Gedichte für Kinder. Beltz Verlag, Weinheim und Basel, 1986. **S. 35** Martin Kraft: Inlineskating, 7 goldene Regeln (gek.). Aus: MÜCKE 7-8 1999, Universum Verlag, Wiesbaden. **S. 36/37** Janosch (Text und Ill.): Tiger und Bär im Straßenverkehr (gek.). Aus: Janosch: Tiger und Bär im Straßenverkehr. Diogenes 1990. **S. 38** Christine Nöstlinger: Mein Rad. Aus: Hans Joachim Gelberg (Hrsg.): Überall und neben dir. © 1986, 1994 Beltz Verlag, Weinheim und Basel. **S. 39** Rolf Zuckowski: Zebrastreifen. Aus: Rolfs Kinderliederbuch, MUSIK FÜR DICH. Rolf Zuckowski oHG, Hamburg. **S. 42** Dorothée Kreusch-Jacob: Kleine Trommelgeschichte. Aus: Dorothée Kreusch-Jacob: Mein Instrument mach ich mir selber. Ravensburger Buchverlag Otto Maier, Ravensburger 1985. **S. 43** Experiment zum Thema Luft. Aus: Wilkinson, Phil (Hrsg.): Mein erstes Buch von der Luft. © 1991 für die deutsche Ausgabe Tessloff-Verlag, Nürnberg. Wolf Harranth: Luft. Aus: Wolf Harranth: Mein Bilderbuch von Erde, Wasser, Luft und Feuer. Ravensburger Buchverlag Otto Maier, Ravensburg 1990. **S. 45** Karlhans Frank: Eine Brücke! Eine Brücke! Aus: Reiner Engelmann (Hrsg.): 1. Klasse Wackelzahn, Verlag Sauerländer 1999. **S. 46** Janosch: Die Regenjule wird überlistet (gek.). Aus: Flohkiste v. 21. 11. 1983, Ausgabe 2, Nr. 23. München: Domino Verlag 1983 © Janosch. **S. 48/49** Brigitte Schär/Jacky Gleich: Monsterbesuch! (gek.). © 1998 Carl Hanser Verlag, München-Wien. **S. 50** Eleonora Berger: Dornröschen. Aus: Eleonora Berger: Warum hast du so große Augen? Verlag Jugend und Volk, Wien 1970. **S. 52/53** Otfried Preußler: Das kleine Gespenst (gek.). Illustrationen von F.J. Tripp © 1966 by K. Thienemanns Verlag, Stuttgart-Wien. **S. 54** Achim Bröger: Nickel bei der Infohexe. Aus: Nickel wird Hexe (gek.), Illustrationen von Silke Brix-Henker. © Edition Bücherbär im Arena Verlag GmbH, Würzburg 1997

Ungenannte Verfasser/Volksgut:

S. 5 Hundert Hasen .../Zweiundzwanzig zierliche ... Aus: Gerhard Sennlaub (Hrsg.): Und mittendrin der freche Hans. Gedichte für Grundschulkinder. Cornelsen Verlag, Berlin 1986. **S. 19** Die kleine Hex. **S. 43** Bauernregeln

Bildquellenverzeichnis:

S. 6 Paul Maar: Anne schreibt ihren Namen. Aus: Anne will ein Zwilling werden. © 1982 Verlag Friedrich Oetinger, Hamburg. **S. 22** Corel Library. Cornelsen Verlag. **S. 25** Hans Thoma: Waldwiese.1876. Artothek, Peissenberg. **S. 26** idea Schmetterlings-Paradies Neumarkt. **S. 28** Corel Library. Cornelsen Verlag. **S. 33** © 2001Watterson/Distr. Bulls. **S. 35** Inlineskater. Mauritius-Bildagentur / Poehlmann, Berlin.

S. 40, 44/45 Corel Library. Cornelsen Verlag. **S. 47** Erhard Dietl: Spinnenbein, Frankenstein, Krötenschleim. © by Ravensburger Buchverlag, Ravensburg 1999. Astrid Lindgren: Märchen. © Verlag Friedrich Oetinger, Hamburg 1989. Paul Maar: In einem tiefen, dunklen Wald. Illustrationen von V. Ballhaus. © Verlag Friedrich Oetinger, Hamburg 1999. Bettina Obrecht: Keine Angst vor grünen Leuten. © Verlag Friedrich Oetinger, Hamburg 2000. Maurice Sendak: Wo die wilden Kerle wohnen. Diogenes Verlag AG, Zürich 1967. **S. 51** Aschenbrödel: Bilderbogen-Dokumentationszentrum Neuruppin.

Alle anderen Texte sind urheberrechtlich frei oder Originalbeiträge.´

Lösungen:

S. 6 Esel, S.26 1b, 2d, 3a, 4e, 5c